Kiitos


Elämälle,


kiitos


sinulle


rakkaani, Carita!

Markku Heino: Onneen aika vaipuu
Kustantaja: BoD – Books on Demand, Helsinki, Suomi
Valmistaja: BoD – Books on Demand, Norderstedt, Saksa
ISBN: 978-952-318-633-0

## Ujo hiljaisuus

Ujosta, herkästä
hiljaisuudestani
syntyi
ajaton
rakkaus.

Mihin
tämä
avoin
sydän
kykeneekään!?

## Ajatuksemme

Kaikki
ajatuksemme,
enkeleidemme
sieluja.

Varovasti
vihassa,
kevyesti
ilossa.

### Hyvä

Kun uskot hyvään,
pyydä se kylään,
tee sen olo
viihtyisäksi
sydämessäsi,
hoida ja sielullasi turvaa,
niin
se
valon kanssa
jää asumaan
luoksesi
ikuisesti.

## Kandee

Kandee lovettaa
aina töpöillä,


siks ku sulle
määrätty
love on aina
ennalta tietty.

### Sieluni kiitos

Värit kalvenneet
ihoni pinnalta.

Väsynyt
ilon nukka
vettyy turtumuksen
harmaahauteessa.

Revin ääniholvit
äärimmilleen,
kuorsaan hellyyden
säikeet irti
ihosi paratiisilaaksosta.

Rumauupumus
tahtoo ruumiini.

Mumiset
hiljaa
ja käännyt
tähdistä...

...Silität
karun suojaksi
nostettua
olkapäätäni
ja vain tulet.

Käyt
lempiuntasi,
rakkauttasi
minuun.

Vaistosi asettaa
hengityksesi
tahtiini,
kietoo kätesi
ympärilleni,
telakoidut.

Sieluni
kiitos
on taas
valmis!

### Uni & Onni

Ja nyt hetki hiljaa
paikalleen kutitetussa
onnessa.

Unen
hauras -
ota minut!

## Unen pöpperössä aikuinen parka

Mä ny heräsin keskellä yötä,
särvin himmeää ja mietin,
kun ihon aistit nukkaavat harhaan,
painavat ihokarvat vasten
kajon tyhjää rantaa.

Tuohon taas viereen,
uskollisen huokaukseni,
lasken itseni vapaana,
nukuttamaan vaativan hymyn tyynylle.
Valottomaan hetkeen silmikoituna,
uneksun liian sinisistä katseestasi,
sielujemme vaateista.
Puhu minut, juo minut,
hengitä sisääni
ja loitsi luoksesi.

Rukousten liitto korjaa askeliani,
kun päätän jatkaa rintojesi kaaria
rajaavaa ajatusteni siirtymätaivalta...

...Törmään olkapäälläni jääkaapin oveen,
oletan, että kävelen unta
ja puhun häpysi oivaltavaa kuohua.
Ihosi helmien maku,
kevään rouhima maan väkevä purske,
onnen hedelmälihan kuorittu raikkaus
sekoittavat elämän väkevimmälle.

Kaivan pyörivässä kiireessä
rakkauden tulvalle salaojaa.
Kehojemme mieli värittää aistejamme
jo kuolleeksi luullun auringon poltteessa,
liekittää hurman punakirjon tajunnan
kaukorajan tuolle puolelle.

Rauhan tantra manattu,
irtirevitty kyynisyyden kylmähaude
riepottuu viimeisen rihman varassa,
shamaanisiunauksen lailla
katkaisen sen totuuden tanalla.

Riemu elää ja kiertää sielusta sieluumme,
sydänten liitto ja katseidemme siunaus seuraa
hengitystemme rytmiä...

...Kompuroin takaisin yöni sanelemilta tarpeilta,
vessanpöntön kansi naukuu ja kolahtaa.
Kasvun jälki herää, naapurin sertikita
avautuu pariin naljailevaan,
tähtien laiskottamaan haukahdukseen.
"Toru, mitä torut!" arjen rakkini hyvä....
viivyttelen mieltäni...
ennen aamu-uneen itseni toilaamista.
Rakennan rakkauden taloa,
ylväälle ja jylhäiselle kalliolle,
vain pehmeille tuulille kiitos,
pari rajuilman tippaa ihan tasapainoksi kenties,
mutta muuten auringon muurien luokse kiitos!

Kerron ensin minulle sinusta,
itselleni raikkautta rajaten.
Kampaan hiuksiasi,
käännän kaikki tuntemani valotavarat sanoiksi -
pidäkkeettömien sielujen lyhdyiksi.

Uskoni tulee toivoosi
ja toivosi liittyy uneni kudelmiin.
Ankkuroidut korkeasielut vuorikristalleina...

...Olen kalliosi, johon ei jää tartu,
olen taivaskeinu unelmillesi,
olen merisuola aistiesi valtakuntaan,
olen kesähunaja inkivääriteehesi.
Voimani sinulle.

Kehräsluuni kiroaa urpoa askellustani,
laatikoston kiperä kulma viiltää ja ähkyn täpärää
sattumaa. Nauran mitätöntä tuskan hetkipiirtoa.
Hekottelen pullatonta rusinaa aurinkomatkan vauhdissa.
Käkätettävyyden aliaviointi soikoon!
Mahdutan pari vinoa vatsalihasta älyttömään
räkätystärinääni,
elämä soittaa isolla tahdilla,
rakkaustarinaa loistotakomon tarumoukarilla.

Nauruni jatkaa sulonaamasi roiskimista,
suudelmien vauhditetut loikat,
kohtalon osumia onneen.

Kuorit minut - vielä kerran!

Ydinonni.

Halleluja!

## Kaksi paria siipiä

Rakkauden kulman takana
onnen kerännyt enkeli,
nauraa raukeaa,
kutittuu valkoisista sulistaan,
ravistuu valon suunnista.

Levittää siipensä
ulos tuulen kuulemaan,
pehmeyden huuhtelemaan
huulten puremaan.

Kaartaa sielun kattoa,
nauttii lantion antoa,
varoo ihon paloa,
saattaa sydämen tahtoa.

Liekkien veret
seisautettu kutsuttujen
huuman kärkihunnuiksi.

Täyttymys syleilty
siunatuin siivin.

## Vieras Melankolia

Eilen keitin kyläilemään
saapuneelle melankolialle kahvit.

Taputtelin olkapäille.

"Jatkahan hyvä veikko nyt reippaammin
kaipausmusiikissasi hiipuvien haikujesi perään,
käy syvän veden pohjalla kuoputtamassa,
niin pääset taas täytenä matkaasi!"

Murusteltiin pullat ja kakkukinkeröitiin
surun murut pois päiväjärjestyksestä.

"Tule taas kun siltä tuntuu,
varaan uunin lämpimäksi,
päivitellään hämärän hädät.
Vierashuonetta en sijaa, ellei ihan pakko,
pariksi yöksi, mutta sitten on muuta puuhaa!"

"Ilo on varannut kyllä nyt
tuossa kalenterissa pari eri viikkoa eteenpäin...;)!"

### Meren puhe

*Meri on*
*puhunut -*

*Juo Sieluni ja elä!*

### Elämän syvä

Valossasi
vapaasti rakennun.

Laulamaton
sonaatti,
sivelee tuoksusi
uskooni,

maalaa katseesi
kirkashelmet
tietooni.

Sielutieto rakkaudesta
huuhdeltuna,
valkoisin
ääri.

Kosketat.

Sydän osaa elämän syvän,
sielu korkean.

>

### Sieluni väriin

Kirjoitan sinut, oi kuun huokaus!

Valan sinut, oi auringon laulu!

Taon sinut, oi taivaan kansi!

Kaivan sinut, oi timantin valo!

Uutan sinut, oi elämän vesi!

Nostan sinut, oi avaruuden kuiskaus!

Lennätän sinut, oi unen siipi!

Silitän sinut, oi hellyyden rukous!

Parannan sinut, oi huuman tuuli!


Rakastan sinut sieluni väriin!

### Vähän käkätyttää

Luuleva kuu särpii
kevään viimeistä räntäkättä.


Mikäs tässä,
rakkautta
käkättämässä!

### Aistien rauha

Minulle tehty ihosi
on kuin sieluni hansikas.

Yötä vasten katsoin toiveiden huntuja,
leiskuva tanssi hartiaviivallasi
piirsi herkkyyttäni.

Aistien varjokuvat
jatkoivat lämpökynttilän sanomaa,
sormenpäihini tarttunut lemmenpöly
silitti niskasi kaarta.

Elät nyt kuin uneksit aina.

Rakkauden vapaus siirtää
kiehkuran otsaltasi,
merkitsee huulieni laukaisualustan.

Nostan lantiosi.
Janoni läikkyy
kutsuvaan kosteuteesi.

Sielujen valtakunnassa
aistien rauha.

## Normeeramaton

Tähän ikään
nähden rakkauden
mahtikäsky on suurempi
kuin taivaan raja.

Mennyt kuin
pihapiirin perukoilla
oleva tavallisuuden
vaja,
multiin kuokittu
ja peruskukkasilla
paranneltu.

Suurtuleva lepyttelee
käskynviejää,
nostaa aurinkopuomin,
kiinnittää unelmien huomion.

Vie heille
sielujen
taulut.

## Donna Beibe

Kun mä sen beiben näin,
mun kelojen latvat haki uutta
puunhakkaajaa.

Luulin ettei niinku mitää rajaa,
ku tulin lähelle sielun rajaa.

Sopö hanin feissi käsien väliin
ja tähtipusu suoraan
kuumahuulille, ajatukset tanaan!

Mitää rokkii ajatellu, mielummin iisi rauha
ja cooli muudi paranneltu.

Sen ihon tärsky, oli hurjuuden käsky.

Tuokaa meille paras tatami,
huokausten futoni
tai vaan kunnolla
häärättävä vesisänky.
Siis ....Donna...ooo!

*Sileyteesi*

*Kuivaa hiuksesi,*

*oi muistoni kultainen,*

*suori latvaasi kultayrtein!*

*Lasken rauhani sileyteesi*

## Sielujemme aarteet

Päivän huulillasi kehrätty
sankaritar auttoi omaa
romuluista unissakävelijääni
takomaan näyn kilpeä
kuunnellessani
rankan maani taipaleiden taruja.

Kristallivaloaapinen
kainalossa,
varjojen rakoja
väistellen,
pelotta unen tomun loitsua torjuen,
kätesi kädessäni,
veden ja metsän
voima kanssamme,
jatkamme sielujen tietä...

...Auringolta salattu suudelma,
rantaan turvautuva laituri ja tuulesi tukka,
huokaustani pelkäämätön poskesi nukka,
lempeytesi kohina
iholtasi iholleni,
väriesi lämpö,
ymmärryksesi kuiskaus itää ja versoo,
kuuntelen sen kasvua sydämessäsi.


Merkitsen peilisi kulman
kun nostat silmäni huulillesi,
murahdan syvää hellyyttä,
ymmärrän painaa otsallesi
lempeni merkin.

Valosi jakaa katseellasi
sieluni pisarat viideksi lähteeksi,
omasi kohinan kahdeksi vuorisateeksi,
seitsemäksi puhtaan ilon kaareksi.

Hymysi kiinnittää yhteiset sielumme aarteet.

## Elämä on luvannut

Raukean sydämen antama
riittikäsky
ojennuttaa sielun
kantimia, kuiskaa kuuhullun
pois taivaanrannasta
raatamasta unelmansa perään.

Ruusuveden aika
ja taivassanoman kate
heittää minut eturiviin
siunattujen joukkoon,
ylevän meren taakse,
rauhan ja ikuisuushurmeen
ääreen.

Istu viereeni ja kerro.
Katso miten kuulen ja
kiinnitä minut maailmasi saattoon.

Lausun värisi ja meille
nähdään valo.

Elämä on
luvannut meidät.

### Kun osasin kyyneleeni

Kun osasin kyyneleeni,
annoin meren tulla.

Kun osasin kyyneleeni,
annoin sateen pirskoa.

Kun osasin kyyneleeni,
astuin paljain varpain
vuoripuroon.

Kun osasin kyyneleeni,
annoin joen juoda minut puhtaaksi.

Kun osasin kyyneleeni,
veden kristalli
takoi minulle
tähden taivaalleni.

Kun osaan nyt kyyneleeni,
kaikki pintani ovat peilisi.

## Ykseyden synty, episodi 1

Raskas mustatäpläinen hiki
työntyy
tiukkojen
muistelmahuokosten
läpi,

surutettu sappi
kuolee yön kelmun
pinnalle,
poislentävän
komeetan kajo
kuullottaa
pahan pinnan
pronssiin.

Muistolaatta
maadoitettuun
masennuksen
kertoon eteenpäin
otettujen askelten
voimasta...

*…Surumusiikkia kuunnellut*
*saattoväki vaihtaa*
*mustat helmat*
*hopeisiin viittoihin,*
*poimivat valkoiset vuokot*
*tiedon tiaraksi.*
*Hymyhymni nousee*
*korkeammalle.*


*Maan ilo versoo,*
*taikurin sauva*
*ripustaa*
*taivaalle*
*erakon kohtalon,*

*Ylipappi vannoo*
*molempien sielut*
*yhteiseen kotiin.*

*Henki on puhallettu*
*ihoihin kiinni.*

## Rakasmieli

Tulen aika
palaa.

Menköön se ensin

menetettyjen metsään
ronkeleine roihuineen,
riipiköön
puhumattomat pensaat
tulihunnullaan.

Kierrän takaa ja
kynnän paloauraa.


Viillän ruosteisen rakkauden
maan auki ja lasken vuorihelmesi
solinan alas hymyistäsi,
kirkasvuodan katseestasi.

Rätisköön ruma metsä takana,
uusi maamme antaa
rakasmielen kasvaa.

*Tieteen vuoksi - rakastan*

*Tähtitieteen*
*rupeaman*
*tulemana —*


*rakastan.*

# Vikuri

*Aamun varpaat*
*alkavat taas kutittaa.*

*Nuuhkin niskasi*
*leiskausta tyynyltäni,*
*päivän vikuri ryntää,*
*ethän aja ohitseni?*

### Kun elät

"Jos et elä, et pala,

kun elät, palat,

kun elät,

et tule poltetuksi."

### Kainalolokerossa

Kainalolokerossasi synnyn,
avaan hymyavaimella
hellyyden kätkön.

Kutitusunelma huokaa,
elämänpalo jatkaa,
kerromme samaa sanaa,
ihoni ihossasi unelmia tavaa.

## Yöredi

Ajan karkurit
laskevat padotut päivänkäännöt
keritsemään kuun nuokut
yötähtivyön päärmeistä.

Villatossujen viskelty vyyhti
viittaa ihanuuteesi,
vikkelään punottu autuuspauke
paahtaa aikeitamme.

Räps, tulen tulesi perässä,
ihoregatta kuutamonaurussa,
rallatusredi
yösatamassasi.

Olen
matruusisi mantra,
maininkiemme tantra.

### Rentoa yötä

Yö
kirjoittaa
untani
vastaan.

Mustan täplät
härnäävät sileää valoa.

Keljuuntuva kuu myhertää
ja syynää viereisen tähden hymyä.

Avaruustalon valot
roiskivat kajon perkeitä
aamun villaksi.

Mihin myttyyn herra herätettäisiin?
Viisaan väristä vasemmalle
vai oikkukotkasta oikealle?

Unen jano kurlaa
aivokuorta raikkaaksi,
antaa olla nyt
ranttalitonta -
ihan vaan jees ja seis;)!

>

## Rosvoritari

Karu sydän ilman paitaa jatkaa hän matkaa,
vaikka ilma ympärillä velloo sakeana epätoivoa.
Kerta toisensa jälkeen.
Kylmä maa asettaa kuljetut

askeleet jään tunteen haasteisiin,
hämmentää suunnan
ja laskee katseen sumun harsoihin.

Yksi mies, suuri harmaa tuuli,
tunnekuohujen sademetsä,
ruoskittu sade.

Sallien etsii tietä, sinne,
missä on meri, laguuni, laakso,
sielunvalkea lumivuori,
pehmeään tilkitty uni,
huovutettu mieli.

Yön sirpaleet narskuvat ja
kuu huutaa rajua uutta valoa,
leirinuotion loimu
heittää tummat käärmeet leposijalta.

"Nuku ja täyty!"
kuiskaa varjoista esiin astuva rakkauden Rosvoritari.

## Aamutiukka

Valon kutistama
huokaus varasti
aamulta
sarastuksen
sakaran.


Saiskos, kiitos nyt ylös,
tän haaveiden puuduttaman
perspuoliskon ja syvää unta
naaraavan
pakaran:)?

### Perusaamua Sinulle

...sinulle....
´pyyhkii aamun huimaksi huuhtovia silmiään´...
tyynyn mytyltä,
yön ja muumaailman mykkyrästä,
...hellyyden ehdoilla huokuvasti...

Sinulle aamun kaunein kaari!

'---eli simmottii perushuomenta, eh?'

## Mielesi Joutsen

Viikon yön varjot viittana,
haastoin niillä auringon,
tumman mieleni renki
rakastui hymysi valoon.

Sieluuni mielesi joutsen!

### Kun tiedät

Kun tiedät,

mitä ihosi tietää –

olet perillä.

### Kun kutsut

Ilta lyö kädet
yhteen yön
kuuman kuvun
kutsuksi.

Ihosi sulkemat
suudelmani
aikeet,
valon
paremman kaaren
taivutus
sykkeeseesi -
maistan.

Tarkoitettu
punasi
värisee!

## Se

*Tyynylläni tuoksu.*

## Meren itku

Suuri merisuru
yskii ja köhii
vasten
kallioiden
kuhmuja.

Otsaan otettua myrskyä,
väärää päätä työntäen
asun alla sorarouskujen,
vaahdotan ajopuut ja kerään
levätyn suolan.

## Tie

*"Minulle nouseva*
*merkitty tie*
*nousee äkkijyrkkänä*
*heti,*
*melkein äärettömän kaukaisena,*
*luulot pois*
*ottavana tehollisena*
*kaltevuutena.*

*Korkealle.*

*Kaiken näköalapaikalle.*

*....varmasti jaksan!*

## Onnen viilto

Kerron seikkaperän
avaruuden kerän,
onnen terän.

Tulimeren suolan,
petokalan kuolan,
missämetsän verisen
riistavuodan.

Nämä mielestäni noudan.

Muunlaista suuta
kuin muinaista
hurman suuta.

Taon ja anon.
Laupeutta varon.

## Valittuna

Parahultainen
radio kuussa,
suoltaa, ja soittaa
nuoruutta.


Käärmetähdet loikoilevat
herätetyssä yössä,
vormut napitettuna.

Ryhdissä avaruus ja unelmat,
tyynylle korva ja korvalle kohtu.
Unen ja tyynen lohtu.

Sielutettuna,
asuttuna,
valittuna.

*Lopulta*

*Kun tiedät päiviesi määrän,*

*elät vasta.*


*Ihosi nuuskaa taivasta,*
*valo rouskuu ja rahisee keuhkoissa.*

*Auringon valta tapahtuu.*

### Ellun kukko

*Hölmön söpö rönöttää,*
*napakarvan kehrä kuosissa.*

*Röyhätirallaa!*

## Hyrinä

Yön nahka
pehmeällä huitoo,
silti narisee.

Aamun kohtua supistaa.

Päivän lapsivesi päästetty,
josko nimeksi Onni?

### Suudeltuna

Suudeltuna -

Sillä Hyvä!

Vähyys poistettu!

## Tylsän puhkonta

Totisuuteen suudeltu
ilo
ei ehdi.

Lakoniaan kaapattu
riemu
ei soi.

Virittämätön raisu -
hypyttömiä
arjen nyppylöitä.

Parempaa pompittavaa,
rinnat esiin ja Rock!

### Herkän maiseman raja

Minä olen Se, joka
pimeässä hyräilee,
kutoo puhdasta.

Riipivä hurja metsä
aivastaa ja kalju kaarnaton
ranka repii poskea.

Varistettu latvan
karusta kahvasta,
neulaton minä,
suurustettu sumun suomu,
elän ja kiillän mustaa.

Kehystän valkoisen vuorijonon
yhden tavun päässä kauniista.

Jää osuu ja onkin pehmeää.

Kuulen lumen huudon ja autan kirkasta.

Uskon.

## Sakot

*Halausta ei voi*
*pakottaa,*
*anella tai*
*varottaa -*
*muuten siitä*
*sydän sakottaa.*

### Sumun kehto

Makeanveden huokaus
jätetty suopursun syliin.

Missä korvessa
kuulee kahdentuulen
viestin?

- Orvosta ihosta
kelottomalla kalliolla,
jäähän käännetetystä kosketuksesta
naavapartojen syrjissä.

Hipaise maisemaa ja tule hiljaa,
kuiskaa ennen kuin ehdit.

### Ritarin sydän

Nuoren elämän
ensimmäinen ei,
itkee leveillä hartioilla
puhdas suru
rahisee keuhkoissa,
katkerattomat kyyneleet
rakastavat vielä häntä pois.


Rohkea ja vahva.


Katson nuorta puutani,
joka yrittää ymmärtää
kuinka kauneus ja hellyys ja hyvyys
haluaa jatkaa omaa tietään
noin vain, kevyin askelin
hiukset leiskuen


Kahdella sanalla tuon
hänelle huomisen,


jolla taottavaksi kolmas.

### Lohkean

Kauneus yksin äänessä
siirrän varomatonta tähteä.

Mahdun niin
pieneen, onttoon.

Lue minulle silti tuulta,
käske myrskyä -

suolan lyödä,
kuoria

kallioni suonia.

Lohkean sinuun.

## Äänetön

Iho -
puhuu pehmeämmin,
kuiskaa hiljempaa.

Sen ikävän pintana
sielun nukka.

Ole minulle äänetön.

## Valon sanat

Hiljaa

ollessa
pidän

kiinni kuiskauksista.

Valon sanat maailmasta ohi.

### Te kaikki

Nukkaan
ajan hukkaa

paljetteja
paratiisin
ompeleista

eteen ja taakse
piste

riittää kun soin

itää ennen kuin
niittää

peruslaulua
pakon rakoon

olkaa ja uskokaa
kauniit!

>

>

### Te pystytetyt

Vilttitossu ja huomisen huopikkaat

Villaan unta,
suussa kasvoton multa

Nuuhkin lehden terät,
tuoksun värierät.

Kauneus nanoina,
ketjutettu sielun kristalli.

Haaveilua ja ohuen yläpilven
avaruuskalvon kuminaa.

Meidät järjestetään
pystyyn – valetaan.

Olette taivaaksi tarvittuja.

Pidän itseni
ja nukun kauneutta.

Hymyllä vasten arjen terästä.